LA CATASTROPHE NUCLÉAIRE
DE TCHERNOBYL

— Entre erreurs humaines
et défauts techniques

par Aude Perrineau

50MINUTES

Avec la collaboration de Guillaume Hairy

LA CATASTROPHE NUCLÉAIRE DE TCHERNOBYL

- **Quand ?** Le 26 avril 1986.
- **Où ?** À Tchernobyl (Ukraine actuelle).
- **Contexte ?**
  - L'URSS et son programme nucléaire civil.
  - La construction de la centrale de Tchernobyl.
- **Protagonistes principaux ?**
  - Mikhaïl Gorbatchev, homme d'État russe (né en 1931).
  - L'équipe de la centrale de Tchernobyl (les ingénieurs et les pompiers).
- **Répercussions ?**
  - L'ébranlement du régime soviétique.
  - Une catastrophe humaine et écologique.
  - Des réflexions sur la sûreté du nucléaire.

Le 26 avril 1986 à 1 h 22 du matin, Tchernobyl, fleuron de la technologie soviétique et symbole de la réussite du régime communiste, est encore la plus grande centrale nucléaire de l'URSS. Une minute plus tard, lorsque le réacteur n° 4 explose, elle devient la représentation cauchemardesque de l'impuissance humaine. Cette centrale ukrainienne, située à 20 kilomètres de la frontière avec la Biélorussie, devient le centre de formation d'un important nuage radioactif qui polluera une grande partie de l'Europe. Aujourd'hui encore, une zone d'exclusion inhabitable d'un rayon de 30 kilomètres entoure le site et les territoires contaminés s'étendent sur des dizaines de milliers de km^2.

Cet accident dramatique, le plus grave qu'ait jamais connu l'industrie électronucléaire, occupe une place particulière dans l'imaginaire collectif des Européens. Technologie hors de contrôle, succession d'erreurs humaines, camouflage politique, le scénario de la catastrophe possède tous les éléments d'un bon polar dont on ne connaît pas le dénouement. À propos de Tchernobyl, rien n'est sûr : ni l'origine précise de l'explosion, ni l'établissement des responsabilités, ni la quantité de matière radioactive libérée, ni ses effets à long terme sur la santé et l'environnement, ni même le bilan des pertes humaines. Alors, aujourd'hui, que sait-t-on réellement sur Tchernobyl ?

LE SAVIEZ-VOUS ?

Le nom de Tchernobyl résonne comme le symbole de deux grandes tragédies du XXe siècle, puisqu'il s'agit également du nom d'un village juif ukrainien anéanti par les troupes allemandes pendant la Seconde Guerre mondiale (1939-1945).

CONTEXTE

L'URSS ET SON PROGRAMME NUCLÉAIRE CIVIL

En 1917, la révolution d'Octobre provoque en Russie la chute de l'empereur Nicolas II (1868-1918) et du régime tsariste, laissant place à l'instauration du communisme. L'URSS, nouvel État fédéral, est fondée en 1922. Le parti unique qui dirige le pays détermine alors la planification de l'économie et du développement industriel. « Le communisme, c'est le pouvoir soviétique plus l'électrification du pays tout entier », déclare Lénine (révolutionnaire et homme d'État russe, 1870-1924) en 1920, associant étroitement dès les origines l'idéal communiste au progrès technique et au développement électrique (ACKERMAN (Galia), *Tchernobyl, retour sur un désastre*, Paris, Buchet/Chastel, 2006, p. 17).

De 1947 à 1991, l'URSS et les États-Unis sont engagés dans un conflit de longue haleine : la guerre froide. Leur opposition idéologique et politique, née après la fin de la Seconde Guerre mondiale, implique une incessante course aux armements dans laquelle chaque camp cherche à garder la supériorité technologique sur l'autre. Après avoir fabriqué sa propre bombe atomique en 1949, l'URSS poursuit le développement du nucléaire à des fins civiles et militaires, et, en 1952, Staline (homme d'État soviétique, 1878-1953) annonce un programme de développement électronucléaire. Dans ce contexte, le nucléaire apparaît comme l'un des symboles majeurs de la puissance du communisme, peut-être même comme son symbole le plus fort. Au milieu des années soixante, un large plan de construction de centrales, dont Tchernobyl fait partie, est entériné. Comme tout ce qui a trait au nucléaire, ce qui se passe à l'intérieur des complexes reste un mystère. En tant que fleuron de la technologie soviétique, ils sont entourés d'un mythe de fiabilité et de sécurité absolue.

LA CENTRALE DE TCHERNOBYL

En 1970, la construction de la centrale de Tchernobyl débute à 130 kilomètres au nord de la ville de Kiev. Afin d'abriter les employés et leur famille, la ville de Pripiat est construite à trois kilomètres de là. Un premier réacteur est mis en service en 1977, suivi par un deuxième un an plus tard, un troisième en 1981 et un quatrième – qui sera détruit par l'explosion – en décembre 1983. La centrale devient alors la plus importante d'URSS. Cela ne suffit pourtant pas, et de nouveaux travaux sont lancés pour ériger deux autres réacteurs.

Tous sont de type RBMK (acronyme de *reaktor bolshoy moschnosti kanaly*, « réacteur de grande puissance à tubes de force »), plus chers que les autres modèles et pourtant moins fiables. Sans être à l'origine de la catastrophe, certaines caractéristiques techniques de ce type de réacteur l'ont amplifiée et ont favorisé l'explosion du réacteur n° 4. En effet, les réacteurs RBMK s'avèrent particulièrement difficiles à contrôler et possèdent un système d'arrêt d'urgence trop long et pas assez fiable. De plus, ils ne disposent pas d'enceintes de confinement suffisamment résistantes pour empêcher les fuites radioactives en cas d'accident majeur. Ces réacteurs, de fabrication soviétique, n'ont été choisis que sur la base de critères politiques et militaires.

L'existence de tels défauts techniques ne paraît pourtant pas per-turber certains des plus éminents scientifiques soviétiques, puisque l'un d'eux, Anatoli Aleksandrov (1903-1994), alors président de l'Académie des sciences de l'URSS, déclare qu'un réacteur RBMK est « tellement sûr qu'on [pourrait] en installer même sur la place Rouge » (*Ibid.*, p. 47).

VERS LA CATASTROPHE

L'accident nucléaire de Tchernobyl n'est pas le premier que connaît l'URSS. Depuis 1957, on compte au moins une explosion, une fusion partielle du cœur, un réacteur incendié et de nombreux épisodes de surchauffe de réacteurs dans différentes centrales. En 1982, soit quatre ans avant les faits, une fusion partielle du combustible se produit dans le réacteur n° 1 de Tchernobyl, mais l'affaire est si bien étouffée que ni les directeurs des autres centrales soviétiques, ni même le dirigeant de l'époque, Leonid Brejnev (1906-1982), n'en auraient été informés. Pourtant, l'analyse *a posteriori* de ces accidents aurait pu permettre d'améliorer le fonctionnement des centrales. Mais à l'époque, les règles de sécurité sont une préoccupation mineure par rapport à l'exploitation maximale des possibilités de production. Le mythe du réacteur infaillible reste donc profondément ancré dans les esprits.

La catastrophe nucléaire de Tchernobyl ne se produit pas au cours du fonctionnement routinier de la centrale, mais lors d'une expérience de sûreté effectuée sur le réacteur n° 4. Cet exercice a pour but de voir si, en cas de panne d'électricité, la seule rotation des turbines du générateur qui est couplé au réacteur peut permettre de produire suffisamment d'électricité résiduelle pour continuer à faire fonctionner le système de refroidissement du réacteur, le temps d'activer les moteurs de secours. Il prévoit aussi la désactivation de tous les systèmes de protection, contrairement à ce que préconisent les normes de sécurité. La centrale de Tchernobyl accepte la mission qui sera réalisée le 25 avril 1986 en soirée afin de ne pas gêner l'approvisionnement électrique de la ville de Kiev.

ACTEURS PRINCIPAUX

MIKHAÏL GORBATCHEV, HOMME D'ÉTAT RUSSE

Né le 2 mars 1931 dans la région de Stavropol (Nord du Caucase), Mikhaïl Gorbatchev est issu d'une famille d'agriculteurs. Après avoir travaillé comme conducteur de tracteurs, il effectue des études de droit à Moscou, puis d'agronomie. Il gravit ensuite les échelons jusqu'à devenir membre titulaire du Politburo (bureau exécutif du PCUS, Parti communiste de l'Union soviétique) en 1980. En mars 1985, après la mort de Konstantin Tchernenko (homme d'État soviétique, 1911-1985), il est nommé secrétaire général du PCUS, c'est-à-dire principal dirigeant du pays.

Socialiste convaincu mais réformateur, il entend réorganiser un système à bout de souffle et lance une vaste politique de *perestroïka* (« restructuration ») et de *glasnost* (« transparence ») qui enclenchent une libéralisation économique, politique et culturelle. Cependant, la confrontation avec la réalité est tellement difficile que la *glasnost* met en danger le régime en le discréditant auprès de la population. La *perestroïka* désorganise par ailleurs le système économique sans parvenir à le transformer. Cette aggravation des problèmes intérieurs s'oppose aux avancées réalisées en matière de relations internationales. Gorbatchev inaugure en effet une détente dans les relations Est-Ouest, et rencontre les présidents américains successifs pour discuter du désarmement nucléaire, ce qui lui vaut quelques années plus tard l'attribution du prix Nobel de la paix. En août 1991, une tentative avortée de coup d'État par les conservateurs accélère la dissolution de l'Union soviétique. Il est contraint de démissionner le 25 décembre de la présidence d'une URSS qui a désormais cessé d'exister.

L'ÉQUIPE DE LA CENTRALE

Viktor Brioukhanov est le directeur général de la centrale de Tchernobyl depuis le début des années soixante-dix. C'est un ingénieur intelligent et travailleur, mais il n'est pas spécialisé dans le nucléaire. En vue de l'expérience de sûreté prévue sur le réacteur n° 4, il adresse le programme du test à ses supérieurs hiérarchiques, mais il ne reçoit aucune réponse. Loin d'être inquiet par ce silence – il s'agit en effet d'une habitude de la bureaucratie soviétique –, il autorise son équipe à effectuer l'expérience.

Brioukhanov est habituellement secondé par Nikolaï Fomine, l'ingénieur en chef, électricien de formation, arrivé à Tchernobyl en 1972. Mais le soir du drame, ni Brioukhanov ni Fomine ne sont présents sur les lieux. C'est l'ingénieur en chef adjoint, Anatoli Diatlov, qui est aux commandes. Arrivé à Tchernobyl en 1973, il est chargé de l'exploitation du deuxième réacteur. C'est lui qui prépare le réacteur n° 4 d'après le programme entériné par Fomine afin de réaliser l'expérience. Son équipe comprend, entre autres, Alexandre Akimov, le chef de quart du réacteur, et Léonid Toptounov, l'ingénieur en chef chargé de la conduite du réacteur.

La centrale possède son propre poste d'incendie, dirigé par le major Leonid Telyatnikov. La nuit de l'accident, c'est le lieutenant Vladimir Pravik et son équipe qui sont de garde. Enfin, le lieutenant Victor Kibenok est responsable de la lutte anti-incendie de Pripiat et interviendra le soir de la catastrophe.

Après les événements, Brioukhanov, Fomine et Diatlov sont traînés sur le banc des accusés. Jugés coupables, ils sont tous trois condamnés à des peines de prison.

LA CATASTROPHE NUCLÉAIRE DE TCHERNOBYL

LE FONCTIONNEMENT DU RÉACTEUR N° 4

Habituellement, un réacteur nucléaire exploite de façon contrôlée la réaction de fission du noyau de l'atome d'uranium. Lors de cette réaction, un noyau lourd se scinde en deux noyaux plus petits sous l'impact d'un neutron (élément constitutif du noyau atomique). La réaction émet d'autres neutrons et s'accompagne d'un très grand dégagement de chaleur, et donc d'énergie. Les neutrons émis par la première réaction provoquent à leur tour la fission d'autres noyaux. On assiste ainsi à une réaction en chaîne qui est stabilisée à un moment donné par la capture permanente d'une partie des neutrons libérés. Les réacteurs nucléaires sont couplés à des générateurs qui permettent de transformer la chaleur libérée en électricité.

Le réacteur n° 4 de Tchernobyl est une cavité bétonnée contenant un cœur de graphite dont le but est de ralentir les neutrons afin de faciliter les réactions de fission (« modérateur »). On trouve également dans ce cœur près de 1 700 colonnes contenant le combustible d'uranium ainsi qu'environ 200 barres de contrôle servant à absorber les neutrons en excès. Ces barres de contrôle sont mobiles : elles peuvent être relevées ou abaissées pour ralentir ou accélérer la réaction en chaîne.

LA SÉQUENCE ACCIDENTELLE

La nuit du drame, suite à une erreur opérationnelle, la puissance du réacteur diminue plus que prévu et tombe à un niveau où, en raison de sa conception, le réacteur devient particulièrement instable.

À ce stade, l'expérience devrait être arrêtée, mais il n'en est rien. Diatlov s'y oppose. Pour faire remonter la puissance, l'équipe retire des barres absorbantes et en laisse trop peu par rapport aux prescriptions de sécurité. Les membres de l'équipe sont ensuite obligés d'effectuer une suite de réglages rapides – et pas toujours judicieux – pour maintenir le niveau de puissance du réacteur, qui est devenu très instable.

À 1 heure 23 minutes et 4 secondes, Toptounov remarque que celui-ci s'emballe. Akimov appuie alors sur le bouton d'arrêt d'urgence pour renfoncer les barres de contrôle, mais leur mauvaise conception modifie les conditions thermodynamiques du cœur et accroît encore la réactivité. En l'espace de quelques secondes seulement, la puissance augmente de 100 fois par rapport à sa valeur nominale et le réacteur explose en soufflant la dalle de béton qui le recouvrait. Au contact de l'air, le graphite commence à brûler à une température de plus de 2 000° C, formant une colonne de feu dans le ciel. Plusieurs explosions se produisent à quelques secondes d'intervalle et projettent sur le site une pluie de débris brûlants et radioactifs, déclenchant de nombreux foyers d'incendie et créant un champ de radiation d'une intensité extrême.

Photo du réacteur n° 4 après l'explosion.

Selon l'ingénieur nucléaire Grigori Medvedev, l'équipe de la centrale, fermement convaincue qu'un réacteur ne peut pas exploser, est persuadée que c'est un réservoir qui est touché. Arrivé sur place à 2 h 30, Brioukhanov aurait appelé Moscou et transmis l'information selon laquelle le réacteur était intact et que la situation radiologique était normale. Le Politburo et Gorbatchev auraient quant à eux été informés qu'un grave accident venait de se produire. Arrivés sur les lieux quelques minutes plus tard, les lieutenants Pravik et Kibenok, puis les renforts appelés par le major Telyatnikov, viennent à bout des incendies secondaires après plusieurs heures de travail, évitant la propagation des feux aux autres réacteurs. Gravement irradiés, ils sont transportés à l'hôpital, où beaucoup mourront dans de grandes souffrances au cours des semaines suivantes.

TCHERNOBYL VU DU CIEL

Igor Kostine (né en 1936), photographe-reporter, survole la centrale quelques heures seulement après l'explosion. Il prend alors une vue aérienne du réacteur explosé, seul témoignage iconographique existant du jour de l'accident. Son aspect est flou et granulé à cause de l'intensité extrême des radiations. Les photos suivantes sont entièrement noires et l'appareil se bloque après le vingtième cliché.

LA LIQUIDATION

On désigne sous le terme de « liquidation » les travaux entrepris à la hâte après l'explosion pour arrêter le réacteur et endiguer la fuite des matières radioactives. Les liquidateurs viennent en très grand nombre (600 000 à 800 000 personnes) de toute l'Union soviétique. Il s'agit de civils et de militaires qui se relayent pendant plusieurs années afin de minimiser l'exposition individuelle aux radiations. Leur travail s'effectue dans des conditions catastrophiques, dues à un matériel inadapté et aux radiations.

Photo de liquidateurs.

Leur première tâche est d'éteindre le feu de graphite et d'arrêter les réactions nucléaires dans le réacteur. Jusqu'au 10 mai, 5 000 tonnes de matériaux (bore, dolomite, argile, sable et plomb) sont larguées par rotation d'hélicoptères dans le cœur du réacteur. Pendant ce temps, à l'intérieur du réacteur, le combustible d'uranium fondu se mélange à divers éléments et débris constitutifs du cœur pour former un magma appelé corium. Formé à très haute température, il est extrêmement chaud, toxique et radioactif, et s'accumule au fond de la cuve. Les ingénieurs craignent alors qu'il perce la dalle de béton constituant le fond du réacteur, pénètre dans le sous-sol et interagisse avec l'eau. Plusieurs centaines de mineurs sont donc mobilisés pour creuser une galerie sous le réacteur afin de le refroidir et de l'isoler.

En surface, on tente d'employer des robots pour nettoyer le graphite et les autres débris radioactifs répandus sur le site. Les systèmes électroniques ne résistant pas au niveau élevé de radiation, il est décidé d'utiliser des hommes. Armés de pelles, ils se relayent pour des sorties éclairs de quelques minutes avant de revenir à l'abri des radiations. De gigantesques travaux d'endiguement, qui s'avèrent au final inefficaces, sont lancés aux alentours pour tenter de contenir les eaux contaminées. Pour terminer, un immense sarcophage est construit autour du réacteur avec 300 000 tonnes d'acier et de béton afin de confiner les matières radioactives restantes. 600 à 800 tranchées sont également creusées à la hâte sur le site pour y stocker, sans aucune précaution, les déchets radioactifs.

LES ÉVACUATIONS

Le principe des évacuations, bien qu'évoqué très tôt, n'est décidé officiellement que le 26 avril en soirée. La ville de Pripiat est désertée dès le lendemain après-midi. Les 49 000 habitants, censés partir pour deux ou trois jours, n'emportent avec eux que le strict minimum. Quelques jours plus tard, la décision est prise d'évacuer la population dans un rayon de 30 kilomètres autour de la centrale. La ville de Tchernobyl, située à 20 kilomètres du lieu de la catastrophe, n'est ainsi évacuée que le 5 mai. Les animaux domestiques sont abattus et leurs cadavres brûlés. Les habitations sont détruites pour dissuader les habitants d'y retourner, et des villages entiers sont enterrés : les maisons sont précipitées à l'intérieur de grandes fosses creusées par des bulldozers et recouvertes de terre. Au total, en 1986, 135 000 personnes sont évacuées en Ukraine, 25 000 en Biélorussie et 1 000 en Russie. De nouvelles évacuations seront décidées au cours des années suivantes et 250 000 personnes de plus seront déplacées jusqu'en 1995.

L'EUROPE CONTAMINÉE

Pendant toute la durée du feu de graphite, les rejets atmosphériques forment un nuage de particules radioactives qui se répand dans l'atmosphère. La quantité de matières radioactives lâchées lors de la catastrophe est inconnue. Elle fait uniquement l'objet d'estimations plus ou moins fiables. Certains pensent que le réacteur, qui contenait au départ 190 tonnes d'uranium, est encore presque plein, tandis que d'autres jugent qu'il est presque vide. Dans tous les cas, la longue durée de libération des éléments radioactifs, la haute altitude atteinte (entre 1 et 1,5 kilomètre) et les changements de direction des vents favorisent la contamination à grande distance sur presque toute l'Europe. Le 26 avril, jour de l'accident, les rejets sont portés vers le nord-ouest, atteignant tout d'abord la Biélorussie et la Scandinavie. Le lendemain, ils se dirigent vers l'ouest de l'Europe, puis vers l'est. Le nuage atteint même le Japon, mais le taux de radioactivité détecté y est extrêmement faible.

Les dépôts au sol résultant de ces rejets présentent une grande hétérogénéité et ils sont plus importants là où les rejets ont rencontré des précipitations. Ce phénomène produit une contamination « en tâches de léopard », responsable d'importantes variations des taux de radioactivité à faible distance. 70 % des retombées sont concentrées en Biélorussie, en Ukraine et en Russie. Les zones officiellement reconnues comme contaminées couvrent 42 000 km^2 en Ukraine, 46 000 km^2 en Biélorussie et 57 000 km^2 Russie. Actuellement, cinq millions de personnes vivent toujours dans des zones touchées, dont 100 000 dans des zones contaminées.

LE SILENCE DES AUTORITÉS

Fidèles à leurs habitudes, les autorités ne laissent filtrer aucune information. L'accident n'est annoncé que deux jours plus tard via un communiqué de presse laconique, suivi d'une brève mention au journal télévisé du soir. Les communiqués officiels des jours suivants sont extrêmement rassurants et répètent que la situation s'améliore continuellement. Craignant les répercussions dans la presse internationale, l'URSS refuse la proposition d'aide américaine le 29 avril, affirmant que tous les problèmes sont résolus. À Kiev, la journée du 1er mai est célébrée normalement, alors que la radioactivité y est très largement supérieure à la normale. Une intervention télévisée de Gorbatchev a enfin lieu le 14 mai 1986 : l'accident est toujours minimisé, mais il est officiellement reconnu.

La réaction des autorités s'explique à la fois par leur habitude de camoufler les problèmes et par leur difficulté à faire face à un accident aussi imprévu. Les évacuations interviennent très tardivement et rien n'est mis en place pour protéger la population des premières radiations, alors que des solutions existent. Les liquidateurs font aussi les frais de cette politique : les doses de radiation qu'ils reçoivent sont minimisées, tandis que les directives médicales interdisent d'établir un lien entre l'irradiation et les pathologies développées par certains.

Dans un second temps, l'accident est dramatisé pour souligner le courage des Soviétiques : la liquidation est relatée comme une guerre contre un ennemi invisible dans laquelle les liquidateurs sont de véritable héros et les autorités en charge de la liquidation sont plébiscitées pour leur action. Malgré le danger des radiations, un drapeau soviétique est planté au sommet de la cheminée du réacteur vaincu à la fin des travaux. Une banderole accrochée à côté proclame que « le peuple soviétique est plus fort que l'atome » (WERTH (Nicolas), « Tchernobyl : enquête sur une catastrophe annoncée », in *L'histoire*, n° 308, 2006, p. 73).

L'ANNONCE MONDIALE DE LA CATASTROPHE

Ce sont les Suédois qui annoncent l'accident au reste du monde. Un niveau de radioactivité anormalement élevé est détecté à la centrale de Forsmark lors d'un contrôle de routine le matin du 28 avril 1986. La centrale est alors évacuée par crainte d'une fuite inconnue. L'étude de la trajectoire des vents et des particules radioactives permet finalement de conclure que celles-ci proviennent de l'Union soviétique. L'information est ensuite reprise et relayée par les agences de presse européennes.

QUI EST RESPONSABLE ?

En juillet 1987, un procès de quelques semaines à huis clos aboutit à la condamnation des principaux dirigeants de la centrale, Brioukhanov, Fomine et Diatlov, qui écopent de plusieurs années d'emprisonnement. Gravement irradiés, Akimov et Toptounov sont déjà décédés. Les erreurs de ces hommes sont extrêmement graves : ils ont effectué une expérience sans l'autorisation de leur hiérarchie, en l'absence d'un responsable, de nuit et en week-end. Ils se sont trompés dans leurs calculs de départ, ont effectué de mauvaises manipulations et violé plusieurs fois les règles de sécurité, sans prendre conscience de la dégradation rapide de la situation. Mais ils sont aussi les victimes d'un système défaillant qui a eu besoin de boucs émissaires. Mal formés, placés à des responsabilités inadaptées à leurs compétences et trompés sur la fiabilité des réacteurs, ils restent persuadés de n'avoir commis aucune erreur et clament leur innocence jusqu'au jour de leur procès. Ils seront d'ailleurs partiellement réhabilités en 1990.

L'accident est le résultat d'un manque général de « culture de sûreté », que ce soit au niveau de la conception du réacteur ou de la formation du personnel. Il reflète l'incompétence générale des responsables, à tous les niveaux de la hiérarchie, chargés d'administrer le nucléaire sans en être des spécialistes. Certains dirigeants de l'énergie et du nucléaire se voient également contraints de rendre des comptes. Gorbatchev se défend quant à lui en assurant qu'il n'était pas au courant de la gravité de la situation. Certains éprouvent davantage de scrupules, comme Valeri Legassov (scientifique soviétique, 1936-1988), fervent défenseur du nucléaire et membre de la commission chargée des travaux de liquidation, qui se suicide au mois d'avril 1988 en laissant un texte dans lequel il dénonce le fonctionnement absurde d'un système qui a mené à la catastrophe.

RÉPERCUSSIONS

UN SYSTÈME POLITIQUE ÉBRANLÉ

L'accident fait bien plus que révéler l'obsolescence des centrales et le mirage de la technologie soviétique : il dévoile les failles d'un système politique malade dans son ensemble, montrant les effets désastreux de la culture du secret, du cloisonnement des informations et du peu d'importance accordé aux individus. Il entraîne par conséquent une perte de confiance de la population envers ses dirigeants. La volonté de transparence affichée par Gorbatchev se heurte de plein fouet à la catastrophe, qui accélère cette politique d'ouverture et montre en même temps la difficulté de sa mise en place : si l'information sur Tchernobyl se développe, elle reste également très surveillée.

La catastrophe, qui devient un élément de la contestation nationale ukrainienne, participe à la désagrégation de l'URSS. En effet, la mobilisation des mouvements indépendantistes des différentes nationalités qui composent l'Union soviétique est un des facteurs ayant conduit à sa disparition. Or l'Ukraine est la deuxième république de l'Union par ordre d'importance, derrière la Russie. Les manifestations y débutent au début de l'année 1987, alors que l'ampleur de la catastrophe se répand, et se poursuivent dans les années qui suivent. Plus largement, l'événement sert de point d'appui à l'opposition et au réveil de la conscience nationale ukrainienne.

DES CONSÉQUENCES SANITAIRES INCONNUES

On distingue la phase accidentelle, dangereuse par l'exposition externe aux radiations et dont les effets se manifestent rapidement, celle qui a touché les liquidateurs, de la phase post-accidentelle, nocive par la contamination interne chronique, qui touche actuellement les habitants des régions contaminées. Cette contamination chronique est faible dans l'absolu, mais sa répétition quotidienne induit des effets sur le long terme dont la nature précise et l'importance sont actuellement inconnues. Les éléments radioactifs sont connus pour provoquer des cancers de la thyroïde (contamination à l'iode 131) ou de la moelle épinière, des leucémies et des mutations génétiques. Les recherches conduites en zone contaminée suggèrent que la radioactivité serait à l'origine d'autres pathologies, comme les maladies cardio-vasculaires, les cataractes, le vieillissement précoce, l'affaiblissement du système immunitaire et les malformations congénitales.

LA DÉSINTÉGRATION DES ÉLÉMENTS RADIOACTIFS

Les éléments radioactifs se désintègrent selon une période propre. La période est la durée nécessaire pour que la moitié de la quantité initiale d'éléments se soit désintégrée. L'iode 131 a, par exemple, une période de 8 jours : au terme de ceux-ci, la moitié de la quantité initiale d'atomes a disparu, au bout de 16 jours, il en reste un quart, et ainsi de suite. Cet isotope a donc été éliminé dans les semaines qui ont suivi l'accident. Mais il faudra attendre plus longtemps pour le strontium 90 (28 ans), le césium 137 (30 ans) et surtout pour le plutonium 239 (plus de 24 000 ans). Ce dernier étant un isotope lourd, ses rejets sont concentrés dans les environs de la centrale.

UN BILAN HUMAIN CONTROVERSÉ

Le bilan officiel présenté conjointement par l'AIEA (Agence internationale de l'énergie atomique) et l'OMS (Organisation mondiale de la santé) en 2005 fait état de 56 morts et de 4 000 décès supplémentaires possibles à terme. Ce bilan est toutefois attaqué par des chercheurs indépendants et des organisations écologistes qui dénoncent l'influence du puissant lobby nucléaire. Greenpeace avance pour sa part le nombre de 200 000 décès survenus au cours des 15 dernières années et estime que l'exposition aux parti-cules radioactives causera 270 000 cancers, dont 93 000 mortels, dans l'avenir.

Les contestataires insistent sur le fait que les rapports officiels profitent du manque de suivi volontaire de la santé des liquida-teurs et minimisent les doses de radiation reçues par la population. Par ailleurs, ils se basent sur des données officielles et non sur des données de terrain, ignorent les effets à long terme et ne prennent pas en considération les pathologies non mortelles. Enfin, ils attri-buent l'augmentation des cancers à des raisons indépendantes de l'accident et les troubles sanitaires à une simple radiophobie de la population.

UN GOUFFRE ÉCONOMIQUE

La catastrophe nécessite des dépenses phénoménales dans une conjoncture difficile. Elles sont chiffrées par l'OMS à des centaines de milliards de dollars sur 20 ans. Cette somme tient compte des dégâts directs, des frais de la liquidation, des dépenses médicales, des évacuations, des compensations des victimes, ainsi que des recherches effectuées sur les conséquences sanitaires et environ-nementales, sans oublier la surveillance du site de Tchernobyl. L'accident entraîne également d'importantes pertes territoriales à long terme, puisque des millions d'hectares ont été contaminés et sont devenus impropres à l'exploitation agricole et forestière.

L'immensité des dépenses engendrées par l'accident a confirmé la décision de Gorbatchev de renoncer à la course aux armements avec les États-Unis. La Biélorussie, dont près de 25 % du territoire a été contaminé, consacre dans les premières années près d'un quart de ses revenus à la gestion de la catastrophe. Le sarcophage montrant d'importants signes de faiblesse, un nouveau confinement, destiné à recouvrir l'ancien, est en construction et devrait être terminé en 2015. L'Ukraine a dû faire appel à l'aide internationale pour assurer son financement.

L'IMPOSSIBLE DEUIL DES RMBK

L'accident ne modifie pas la position des dirigeants soviétiques par rapport au développement du nucléaire. Après avoir acquis son indépendance en 1991 vis-à-vis de l'URSS, l'Ukraine y reste attachée parce que le nucléaire lui permet d'assurer un semblant d'indépendance énergétique par rapport à la Russie. Ainsi, au début des années quatre-vingt-dix, 30 % de son électricité est d'origine nucléaire.

Les énormes difficultés financières des pays de l'Est sont un frein considérable à l'entretien correct des réacteurs et à leur amélioration technique, mais ces pays étant en crise énergétique perpétuelle, les impératifs économiques restent prioritaires. La centrale de Tchernobyl continue donc à fonctionner jusqu'en 2000. La nuit du 11 au 12 octobre 1991, une explosion se produit dans la salle des machines du deuxième réacteur. Si celui-ci n'est pas touché, il est immédiatement et définitivement arrêté. La fermeture complète de la centrale, initialement prévue en 1990 pour l'année 1993, n'est finalement décidée qu'en 1995 en échange d'une aide financière internationale pour compenser les pertes d'électricité et maintenir des emplois. 11 réacteurs du même type sont encore exploités actuellement, tous se trouvent en Russie.

RÉFLEXIONS AUTOUR DU NUCLÉAIRE

L'accident suscite en Europe une vive émotion qui mobilise la population et les mouvements écologistes autour d'un vaste débat sur la sécurité du nucléaire. Les différents États y réagissent de façons variées : quelques-uns infléchissent leur politique énergétique, tandis que d'autres choisissent de continuer dans la voie du nucléaire. Après un ralentissement, cette industrie connaît aujourd'hui un nouveau développement, en particulier dans les pays émergents.

Sur le plan institutionnel, l'accident est suivi dans toute l'Europe de réflexions sur la gestion d'une crise nucléaire, d'un renforcement de la culture de la sûreté, de l'exploration de nouvelles possibilités d'accidents et d'un renforcement des réseaux de surveillance de l'environnement. Il ouvre également la voie à une meilleure coordination transfrontalière, avec la signature de conventions internationales sur la sécurité, l'information et l'assistance en matière de problèmes dans le nucléaire civil.

EN RÉSUMÉ

- La catastrophe nucléaire survenue à Tchernobyl le 26 avril 1986 n'est pas un accident d'exploitation de routine d'une centrale nucléaire. Il s'est produit au cours d'une phase d'expérimentation qui a mal tourné et l'explosion du réacteur n° 4 est la conséquence d'une succession d'erreurs humaines. Cependant, ses conséquences n'auraient pas été aussi dramatiques si le réacteur avait été mieux conçu.

- Pris de court face à un accident réputé impossible, le Gouvernement soviétique s'applique à le camoufler, puis à en minimiser la portée une fois qu'il a été reconnu. Bien que la catastrophe soit présentée comme un accélérateur de la transparence autour du nucléaire à l'Est comme à l'Ouest, elle est toujours entourée de zones d'ombre.

- La liquidation, dont le but est de circonscrire les matières radioactives pour empêcher leur propagation, nécessite des moyens colossaux dans des conditions de travail particulièrement difficiles. Elle reste cependant inachevée : un nouveau sarcophage est en construction et devrait être achevé en 2015, en attendant une solution définitive.

- L'explosion du réacteur aboutit à la contamination durable des écosystèmes et des populations qui vivent dans la région. Les zones les plus contaminées sont progressivement évacuées. L'accident n'ayant pas de précédent, ses conséquences sanitaires réelles sont encore en partie inconnues. Elles seront déterminées par les effets à long terme de la radioactivité sur l'organisme.

- Le bilan humain est actuellement un vaste champ de bataille. Les scientifiques se répondent à coup d'accusations de calculs faux ou truqués, d'études bâclées, d'évaluations mal faites, de données de départ biaisées ou non vérifiées, de normes inadaptées et de critères de référence infondés.

- L'accident de Tchernobyl conduit tous les pays à réexaminer la sécurité de leurs installations et leurs plans d'action en cas d'accident. En Europe de l'Est, des améliorations techniques ont été apportées aux réacteurs les plus dangereux, mais la situation économique catastrophique et les besoins énergétiques dissuadent les autorités de les fermer complètement.
- Tchernobyl est à la fois un événement historique, une catastrophe technologique, une énigme sanitaire, un argument du débat sur le nucléaire, ainsi qu'un objet d'étude sociologique et de réflexion philosophique. Son histoire n'a donc pas encore fini de s'écrire.

POUR ALLER PLUS LOIN

SOURCES BIBLIOGRAPHIQUES

- « Accident de Tchernobyl, déplacement du nuage radioactif au-dessus de l'Europe entre le 26 avril et le 10 mai 1986 », in *Institut de radioprotection et de sûreté nucléaire*, consulté le 21 septembre 2014.
  http://www.irsn.fr/FR/popup/Pages/tchernobyl_video_nuage.aspx
- ACKERMAN (Galia), *Tchernobyl, retour sur un désastre*, Paris, Buchet/Chastel, 2006.
- AGENCE POUR L'ÉNERGIE NUCLÉAIRE (OCDE), *Tchernobyl : évaluation de l'impact radiologique et sanitaire*, Paris, Éditions de l'OCDE, 2002.
- BELBÉOCH (Bella et Roger), *Tchernobyl, une catastrophe. Quelques éléments pour un bilan*, Paris, Allia, 1993.
- CASTANIER (Corinne), « L'Agence internationale de l'énergie atomique et son directeur général, lauréats 2005 du prix Nobel de la paix. L'avenir s'assombrit encore pour les victimes de Tchernobyl », in *Trait d'union*, n° 32/33, 2005, p. 24-30.
- COUMARIANOS (Philippe), *Tchernobyl après l'apocalypse*, Paris, Hachette Littératures, 2000.
- DELÉAGE (Jean-Paul), « Rapport secret sur les défauts de la centrale de Tchernobyl », in *Écologie & Politique*, n° 27, 2006, p. 227-231.
- DESCOLONGES (Michèle), « Perte de la foi communiste après Tchernobyl », in *Écologie & Politique*, n° 32, 2006, p. 37-52.
- DESHUSSES (Henri-Paul), *La radioactivité dans tous ses états*, Genève, Georg Éditeur, 1997.
- GRANDAZZI (Guillaume) et LEMARCHAND (Frédérick), *Les silences de Tchernobyl. L'avenir contaminé*, Paris, Autrement, 2004.

- GREENPEACE, *La catastrophe de Tchernobyl. Conséquences sur la santé humaine*, Amsterdam, 2006.
- GREENPEACE, *Le nombre de victimes de Tchernobyl largement minimisé. Une étude révèle l'ampleur réelle de la catastrophe*, communiqué de presse, 19 avril 2006.
- JACQUEMIN (Didier), *Les accidents de fusion du cœur des réacteurs nucléaires de puissance. État des connaissances*, Nanterre, EDP Sciences, 2013.
- KOSTINE (Igor), *Tchernobyl, confessions d'un reporter*, Paris, Éditions des Arènes, 2006.
- KOZOVOÏ (Andreï), *La chute de l'Union soviétique 1982-1991*, Paris, Éditions Tallandier, 2011.
- LEGASSOV (Valeri), « Mon devoir est d'en parler », in *La Pravda*, 20 mai 1988.
- MEDVEDEV (Grigori), *La vérité sur Tchernobyl*, Paris, Albin Michel, 1990.
- OMS-AIEA-PNUD, « Tchernobyl : l'ampleur réelle de l'accident », communiqué de presse, Genève, 5 septembre 2005.
- ORGANISATION MONDIALE DE LA SANTÉ, *Les conséquences sanitaires de l'accident de Tchernobyl*, Genève, 1996.
- ROBEAU (Daniel), *Catastrophes et accidents nucléaires dans l'ex-Union soviétique*, Nanterre, EDP Sciences, 2001.
- TCHERTKOFF (Wladimir), *Le crime de Tchernobyl ou le goulag nucléaire*, Paris, Actes Sud, 2006.
- WERTH (Nicolas), « Tchernobyl : enquête sur une catastrophe annoncée », in *L'Histoire*, n° 308, 2006, p. 66-75.

SOURCES COMPLÉMENTAIRES

- ALEXIEVITCH (Svetlana), *La supplication. Tchernobyl, chroniques du monde après l'apocalypse*, Paris, J'ai lu, 2000.
- CHARPAK (Georges), GARWIN (Richard) et JOURNÉ (Venance), *De Tchernobyl en Tchernobyls*, Paris, Odile Jacob, 2005.

- Commeau-Rufin (Irène), « La Catastrophe de Tchernobyl, miroir de la presse soviétique », in *Politique étrangère*, n° 3, 1986, p. 711-726.
- Goujon (Alexandra), Lallemand (Jean-Charles) et Symaniec (Virginie), *Chroniques sur la Biélorussie contemporaine*, Paris, L'Harmattan, 2001.
- Grandazzi (Guillaume) et Lemarchand (Frédérick), « Témoigner sur Tchernobyl : les sciences humaines et l'art face à la catastrophe », in Dépelteau (François) et Lacassagne (Aurélie), *Le Bélarus : l'État de l'exception*, Québec, Presses de l'université Laval, 2003, p. 363-380.
- Graziosi (Andrea), *Histoire de l'URSS*, Paris, Presses universitaires de France, 2010.
- Lemarchand (Frédérick), « Visitez Tchernobyl ! Le "tourisme de catastrophe" en question », in *Les Échos*, 19 mai 2011.
- Schreiber (Thomas), « Tchernobyl et les médias en Europe de l'Est », in *Politique étrangère*, n° 3, 1986, p. 697-701.
- Tertrais (Bruno), *Atlas mondial du nucléaire*, Paris, Autrement, 2011.
- Urbanowicz (Christophe), *L'empire nucléaire éclaté*, Paris, Éditions Michalon, 1995.
- Welsh (Henry), « Cinéma soviétique. Tchernobyl au cinéma : la sombre prémonition », in *Ciné-Bulles*, volume 9, n° 4, 1990, p. 4-7.
- Werth (Nicolas), *Histoire de l'Union soviétique*, Paris, Presses universitaires de France, 2008.

SOURCES ICONOGRAPHIQUES

- Photo du réacteur n° 4 après l'explosion. La photo reproduite est réputée libre de droits.
- Photos de liquidateurs. La photo reproduite est réputée libre de droits.

DOCUMENTAIRES

- *La Vie contaminée, vivre avec Tchernobyl*, documentaire de David Desramé et Dominique Maëstrali, France, 2001.
- *Pouvons-nous vivre ici ?*, documentaire de Sylvaine Dampierre, France, 2002.
- *Tchernobyl, un alibi en béton*, documentaire de Bente Milton, Sabine Kemper et Jørgen Pederson, Allemagne-Danemark, 2002.
- *Controverses nucléaires*, documentaire de Wladimir Tchertkoff, Suisse, 2003.
- *Le Sacrifice*, documentaire d'Emanuela Andreoli et Wladimir Tchertkoff, Suisse, 2003.
- *La Bataille de Tchernobyl*, documentaire de Thomas Johnson, France, 2006.
- *Le Soleil et la mort : Tchernobyl et après*, documentaire de Bernard Debord, France, 2006.
- *L'Europe et Tchernobyl*, documentaire de Dominique Gros, France, 2006.
- *Paradis trompeur*, documentaire de Marion Pöllmann, Allemagne, 2009.
- *Tchernobyl, une histoire naturelle ?*, documentaire de Luc Riolon, France, 2009.
- *Tchernobyl forever*, documentaire d'Alain de Halleux, France, 2011.

MUSÉE ET BÂTIMENT COMMÉMORATIF

- Le musée de Tchernobyl situé à Kiev (Ukraine).
- De nombreux monuments commémoratifs dédiés aux pompiers, liquidateurs et victimes de l'accident nucléaire ont été érigés à Kiev.